了不起的中国制造

陶瓷

TAOCI

青铜器

QINGTONGQI

刘芳芳　王唯一　苏小爪◎主编

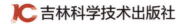
吉林科学技术出版社

图书在版编目（CIP）数据

陶瓷　青铜器 / 刘芳芳；王唯一，苏小爪主编 . --
长春：吉林科学技术出版社，2024.6
（了不起的中国制造 / 刘芳芳主编）
ISBN 978-7-5744-1081-7

Ⅰ.①陶… Ⅱ.①刘… ②王… ③苏… Ⅲ.①瓷器(
考古)—中国—儿童读物②青铜器(考古)—中国—儿童读物
Ⅳ.① K876.3-49 ② K876.41-49

中国国家版本馆 CIP 数据核字 (2024) 第 057634 号

了不起的中国制造　陶瓷　青铜器
LIAOBUQI DE ZHONGGUO ZHIZAO TAOCI QINGTONGQI

主　　编：刘芳芳　王唯一　苏小爪
出 版 人：宛　霞
责任编辑：宿迪超
助理编辑：徐海韬
封面设计：美印图文
制　　版：睡猫文化
幅面尺寸：226 mm×240 mm
开　　本：12
印　　张：6.5
页　　数：78
字　　数：57 千
印　　数：1-6000 册
版　　次：2024 年 6 月第 1 版
印　　次：2024 年 6 月第 1 次印刷

出　　版：吉林科学技术出版社
发　　行：吉林科学技术出版社
地　　址：长春市福祉大路 5788 号
邮　　编：130118
发行部电话 / 传真　0431-81629529　81629530　81629531
　　　　　　　　　　81629532　81629533　81629534
储运部电话：0431-86059116
编辑部电话：0431-81629518
印　　刷：吉林省吉广国际广告股份有限公司

书　　号：ISBN 978-7-5744-1081-7
定　　价：49.90 元

前言

　　提起影响世界的中国发明，你可能想到了指南针、造纸术、印刷术和火药，对吧？这些发明在古代中国的政治、经济和文化发展中起到了巨大作用，而且还传播到了西方，对全世界都产生了深远影响。

　　然而，这些发明只是冰山一角，我国古人的智慧远不止于此。《了不起的中国制造》系列图书将带你探索更多更有趣的中国古代发明。五本书共介绍了青铜器、陶瓷、丝绸、茶叶、农具、兵器、船舶、桥梁、乐器和笔墨纸砚。每本书都以生动有趣的方式展示了这些发明的过程和发展进程，以及它们在中国历史上的重要地位和对全球文明进程的影响。

　　这些发明展现了古代中国人的智慧和勇气，他们通过发明创造改变生活方式和影响世界，给现代人留下了深刻的印记。跟随书中的讲解和有趣的画面，你会被古代科技的艺术魅力所吸引，仿佛穿越时空，亲身体验古人是如何改变生活的。

陶瓷

陶器的出现，是一个美丽的意外

　　12 500年前的一个夜晚，我们的祖先围着篝火烤肉、聊天，有人无意中将一块黏土扔进了火中，第二天发现，被火烤过的泥块比一般泥土坚固得多！

于是，我们的祖先开始将泥巴捏成各种造型，盆呀，碗呀，盘子呀，然后统统扔进篝火里。

后来又有人发现，这些被火烧过的东西，使用起来很方便，能储存食物、烹饪食物，还不会粘到泥渣。于是，陶器就这样诞生了。

古人制作陶器的过程

1. 制作陶坯

用手捏出泥条，再做修整；通过转盘，拉出陶器形状。

2. 装饰陶器

用骨器、竹器、石器等坚硬的工具对陶器表面进行打磨；用绳子或木制的"拍子"，在陶坯上做出各种美丽的花纹和图案；用坚硬的工具，在半干的陶坯上进行镂雕；有些陶器还会被画上"彩妆"，也就是"上彩"。

3. 烧制

堆烧法：在平地烧制，将制作好的陶坯，直接放在码好的柴草上烧。

坑壁法：在浅坑烧制，将制作好的陶坯放进浅坑里烧。

窑烧法：将制作好的陶坯放进一个用土块垒起的封闭空间里烧。

有趣的小知识

古人是如何给陶器"上彩"的？

上彩的步骤：

1. 穿衣：在陶器上涂一层用黏土调成的泥浆。这层泥浆被称为"陶衣"或"化妆土"，经过这道工序，陶器表面会变得光滑平整，颜色纯净。

2. 着色：在"穿衣"后的陶器表面进行彩绘。彩绘纹饰大多数为几何纹及动物纹样，色彩多用黑、白、红三色。

古代的高科技

人类烧制陶器的历史有几万年，烧制陶器的黏土也遍布全世界，可以说，只要文明发展到了一定的程度，全世界都可以独自发明陶器。

世界各地博物馆所珍藏的不同的陶器

高脚陶杯，公元前 3000 年
阿富汗国家博物馆藏

伊拉克陶碗，公元前 9 世纪
新加坡亚洲文明博物馆藏

陶壶，公元前 7 世纪
亚美尼亚历史博物馆藏

陶釜，公元前 5000 年
中国国家博物馆藏

但是，瓷器却不同，从中国发明原始瓷器，到19世纪欧洲"再发明"出瓷器，中间相隔了大约1800年。

陶器：把普通的黏土捏到一起烧制而成。这就如同下雪天把带有泥土的雪捏成一个雪球。

瓷器：将特殊黏土——高岭土烧化了再冷却形成的新材料。这就如同将特别纯净的雪融化成水再凝固成冰。

有趣的小知识

《西游记》里，为什么大多数妖怪都要把唐僧蒸了吃？

这其实和我们的饮食文明变迁有关系。

第一，我们的祖先很早就发明了陶器，掌握了隔火加热的办法。

第二，《西游记》的故事发生在唐朝，唐朝人的烹饪方法只有蒸、煮、烤三种，炒菜是宋朝才出现的。

陶器和瓷器

1. 原料

陶器：普通黏土，如同把带有泥土的雪捏成一个雪球，既不结实，也不纯粹。

瓷器：将高岭土烧化再冷却形成一种新的材料。如同将特别纯净的雪融化成水再凝固成冰。

瓷器胜！

陶器胜！

2. 出现年代

陶器：新石器时代的原始社会。

瓷器：较早的瓷器碎片来源于商朝。

瓷器的出现，依赖于制陶技术，并且比陶器晚了几千年。

3. 重量

陶器：密度低。

瓷器：密度高。

同样体积的陶和瓷，放在手里掂量，瓷器更重，陶器更轻。

瓷器胜！

4. 声音

陶器：用手指轻轻敲击，声音沉闷。

瓷器：用手指轻轻敲击，声音清脆。

沉闷

清脆

5. 透光性

陶器：不透光，硬度低，容易出现划痕。

瓷器：半透明特性，用手电筒照射可以透光。

瓷器胜！

6. 防水性

陶器：吸水。

瓷器：瓷器几乎不吸水。

我是中华民族的智慧结晶，是中国的代名词！

我是你祖先，没有我哪儿来的你，哼！

* **旧石器时代**
掌握火的技术

* **新石器时代**
陶器起源（萌芽期）

* **商周**
原始青瓷

* **魏晋南北朝**
青瓷主流

* **秦汉**
兵马俑
（成熟期）

* **隋朝**
白瓷

* **唐朝**
唐三彩

* **宋朝**
五大名窑（巅峰期）

* **元朝**
青花瓷

陶瓷的发展史

10

* 明朝
德化瓷

* 清朝
粉彩、珐琅彩（再次鼎盛）

制造瓷器到底有多难？

主要条件：特殊材料高岭土、1300摄氏度以上的高温、上釉技术。

原料，难！

制造瓷器最重要的原材料是高岭土，它很难开采，而且很少国家有这种原材料。因此即便有些国家文明再先进，也发明不出瓷器。

高温，难！

制作瓷器需要将高岭土加工成瓷坯，并用高温的石灰釉对其进行涂刷，最后还需要用1300摄氏度以上的高温进行烧制，让它变成坚固的瓷器。

久烧，难！

瓷器需要连续烧好几天，使用足够多的木柴和足够大的窑炉。这个条件其他文明不能轻易实现，因为需要大片的森林。

上釉，难！

工匠们用炭烧制瓷器时，一些炭渣溅到瓷器上，就在瓷器表面形成了亮亮的玻璃状釉彩。这种上釉法被称为自然上釉法，但成功与否全看运气。

思考：聪明的小朋友，如果你是工匠，怎么保证瓷器上釉的成功率呢？

爱琢磨的中国工匠想到了一个好办法！让瓷坯在烧制以前先浸泡在混有草木灰的石灰浆中，这样烧出的瓷器表面都有一层釉，提高了成功率。

不要小看这一套动作，一项伟大的发明就此诞生了！

有趣的小知识

汉朝陶器在当时价格非常昂贵，据一些出土器物上面的铭文记载，一具陶灶"值二百"，约折合当时二石米或二亩地的价值。

二石米 ≈ 125 千克（如果你一天吃 3 碗米饭，足够你连续吃一年多）

二亩地 ≈ 1333 平方米（如果一个房子占地 100 平方米，那么比 13 个房子还大）

新石器时代

这时的人们发现黏土与水充分搅拌后有很强的可塑性，可以制成各种形状的器物，干燥后用火焙烧，一件陶制的容器就出现了。

人面鱼纹彩陶盆
陕西省西安市半坡出土

仰韶文化陶鹰鼎
陕西华县太平庄出土

商周

商朝殷墟遗址，灰陶、黑陶、红陶、彩陶、白陶都有，陶器上的纹饰、符号、文字与殷商时期的甲骨文和青铜器有密切的关系。

商朝白陶壶

商朝白陶饕餮纹贯耳壶

商周陶器

商朝黑陶饕餮纹簋

这个时期出现了带有少量釉质的硬陶器，釉色青绿中带有褐黄，是石英、黏土、长石等溶解不完全所致。而胎质也比之前的更硬，多呈现出灰白色，与一些常见的青砖的颜色比较接近，也是一种像模像样的"原始青瓷"。

秦汉

秦俑中的人俑和马俑都非常精巧，而且形制巨大，显示出秦朝陶匠们的高超技艺。这对当时服装和发型以及跽（jì）坐姿势的研究，都具有参考价值。

秦朝兵士陶俑

秦朝跽坐围（yǔ）人俑

东汉说唱艺人陶俑

魏晋南北朝

这个时期各地制瓷业迅速发展，青瓷具有贯通南北的主流地位。

北齐彩绘陶骆驼

北齐彩绘陶牛车

南朝青瓷莲瓣纹烛台

隋朝

虽然隋朝历史较短，但是在陶瓷发展史上起到了承前启后的作用。隋朝青瓷的普及和白瓷的烧制成功，为后面青花和釉上彩的出现提供了有利条件。

隋白釉双龙柄联腹传瓶

隋青釉印花高足盘

隋白釉环足盘

隋白釉印花兽面纹双系扁壶

隋越窑青瓷龙柄鸡首壶

唐朝

陶瓷取得了长足发展，许多著名窑厂遍布南北各地，其中包括驰名中外、享誉古今的窑厂和作品，如河北邢窑白瓷、浙江越窑青瓷、长安和洛阳一带的唐三彩，以及湖南长沙窑釉下彩。

唐三彩牵驼俑

唐三彩人、车、牛俑

唐黑釉狮子

唐黑釉三彩马

19

晚唐、五代越窑瓷纹样

互动小游戏：

1. 小朋友，试试给上面的纹样涂上颜色。

2. 试试自己设计一些专属的青瓷纹样，并为它们起上独特的名字吧。

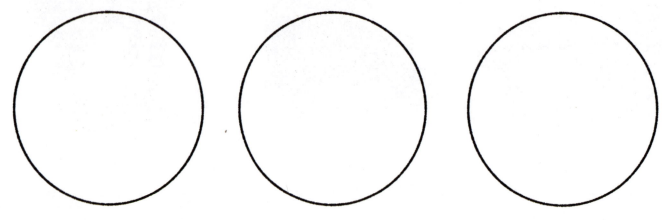

有趣的小知识

独树一帜的唐三彩（快问快答）

唐三彩

全名：唐代三彩釉陶器

朝代：唐朝

成分：低温釉陶器

问：唐三彩真的只有三种颜色吗？

答：不对哦，"三彩"有多彩的意思，包括绿、黄、褐、红、白、蓝、黑等许多颜色。有的一色多用，有的多色混合使用。

问：那为什么不叫唐多彩？

答：主要以青、绿、黄三色为主的制品最珍贵，又盛行于唐朝，所以称唐三彩。

问：唐三彩的制品都有哪些？

答：日常用品、动物、人物都很常见，其中受喜爱的就是马俑，栩栩如生、姿态万千。

宋朝

我国古代陶瓷发展的高峰期在宋朝，无论青瓷、白瓷、黑瓷还是釉上彩、釉下彩的制作技法，都有很大提高，同时在器物造型、纹饰、胎釉上也有许多创新。

宋朝五大名窑——定窑、汝窑、官窑、哥窑、钧窑，除此之外，还有磁州窑、耀州窑、龙泉窑、建阳窑和景德镇窑，品类繁多、成绩卓越，在中外文化史上留下光辉的一页。

五大"天王"1：定窑

特点：釉质莹润、色泽温和，构图疏密得当、线条清晰刚劲

窑址位置：河北省曲阳县（唐宋时属定州）

代表作：白瓷

主要器形：盘、碗、瓶、壶、枕

定窑白釉孩儿枕
（故宫博物院藏）

宋定窑黑釉描金彩蝶牡丹纹碗
（日本救世热海美术馆藏）

定窑白釉刻花花卉纹梅瓶
（故宫博物院藏）

五大"天王"2: 汝窑

窑址位置：河南省宝丰县（北宋属汝州）清凉寺一带

代表作：天青釉青瓷

一句话介绍：颜色天青色，蟹爪纹、鱼鳞纹、香灰胎是主要特点，古朴大方，素雅高洁，被宋徽宗钦定为御用瓷。

主要器形：盘、碗、瓶、洗、尊、盏托、水仙盆等

宋汝窑天青釉洗
（英国大维德中国艺术基金会藏）

宋汝窑天青釉盏托
（英国大维德中国艺术基金会藏）

宋汝窑天青釉碗
（英国大维德中国艺术基金会藏）

宋汝窑天青釉瓶
（英国大维德中国艺术基金会藏）

五大"天王"3: 官窑

窑址位置：至今未找到

代表作：开片釉青瓷

一句话介绍：由朝廷直接控制的官办瓷窑，专为宫廷烧制瓷器。北宋官窑厚重，南宋官窑轻薄。

主要器形：除碗、盘、碟等日用器皿外，还有仿商周青铜器的尊、鼎、炉等陈设和祭祀用的器物

宋官窑贯耳瓶
（英国大维德中国艺术基金会藏）

宋官窑米黄釉渣斗
（中国台北故宫博物院藏）

五大"天王"4：哥窑

窑址位置：至今尚未找到

代表作：开片釉青瓷

一句话介绍：哥窑瓷器以网状裂纹（即开片）而著名，颜色大多紫黑或棕黄色。简练古朴，制作精良，纹样奇特，彰显自然之美。

主要器形：各式瓶、炉、盘、碗、罐等，造型与官窑相似。

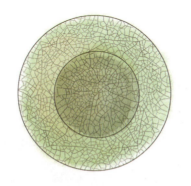

宋哥窑葵瓣口盘（海外收藏）

宋哥窑葵瓣口碗（上海博物馆藏）

宋哥窑贯耳八方瓶（首都博物馆藏）

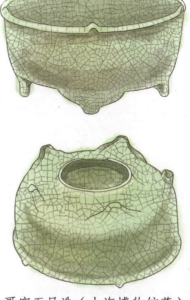

哥窑五足洗（上海博物馆藏）

五大"天王"5：钧窑

窑址位置：河南省禹县（唐宋时为钧州）

代表作：紫红斑乳浊釉青瓷

一句话介绍：钧窑胎质细腻，釉色绚烂多彩，有玫瑰紫、海棠红、天蓝、胭脂、朱砂、翠青等，釉色千变万化、错综相间。

主要器形：罐、双系壶、花口瓶、三足盘、腰鼓等，以壶和罐最常见。

宋钧窑青釉鼓打三足洗

金钧窑青釉红斑瓶

（英国大维德中国艺术基金会藏）

宋钧窑红斑碗

有趣的小知识：

1.用陶瓷做枕头好处多！

古代人头发长，一个月才好好梳一次，用硬枕头睡觉醒来发型还是原样；读书人担心睡过头，所以枕硬枕头，稍微动一下就能惊醒然后继续读书；然而，陶瓷做的枕头价格比较昂贵，平常百姓还是常用布枕头、荞麦枕头。

2.瓷器里有玛瑙！

传说宋徽宗想要在瓷器上烧出天青色，不惜成本在汝瓷表面的釉里加入了天然玛瑙（玛瑙的主要成分二氧化硅当时还提炼不出来）。

3.宋瓷可真贵！

由于靖康之变，汝窑的开窑时间非常短，传世作品也非常少，不管是工艺成本，还是历史价值，都导致汝瓷注定不便宜。在一次拍卖会上一件"北宋汝窑天青釉葵花洗"以两亿多港元成交，刷新了宋瓷的拍卖价格纪录。

元朝

青花瓷生产于唐朝，兴盛于元朝，青花瓷纹饰的主要特点构图丰满，层次多而不乱。

成熟的青花瓷出现在元朝的景德镇，景德镇官窑逐渐形成全国瓷器制造中心。

青花瓷盘

青花瓷瓶

青花瓷碗

有关"青花瓷"的那些美好寓意：

五个蝙蝠围在一起的图案就称作"五福捧寿"，蝙蝠代表"福"；有寿桃和蝙蝠的花纹，寓意福寿双全；蝙蝠纹和铜钱纹合在一起寓意"福在眼前"。

明朝

　　明朝最负盛名的瓷器莫过于德化瓷，明朝德化窑一改宋、元时期烧制青白瓷的传统，而是烧制富有地方特色的白瓷。德化白瓷主要以佛像雕塑为主，以佛教人物居多。

德化窑白釉象耳弦纹尊

德化窑何朝宗款白釉文昌帝君像

德化白瓷是啥样儿的？

釉色洁白（不像景德镇白瓷的白中泛青，也不像北方白瓷的白中泛黄）

胎质纯净、致密、透光性较好。

景德镇的彩瓷

景德镇的彩瓷揭开了我国陶瓷史上光辉灿烂的一页。

釉下彩绘——如青花。

釉上彩绘——如五彩、素三彩。

釉上与釉下相结合的彩绘——如斗彩明宣德青花云。

龙五彩鸳鸯莲花纹碗

明万历五彩花卉帆船图大盘

明万历素三彩执壶
（日本兵库·颖川美术馆藏）

明素三彩八仙人物立像

明崇祯素三彩龙凤纹大碗
（故宫博物院藏）

斗彩

为什么斗彩最为出名，成为明代瓷器之冠？

斗彩是瓷器彩绘的一种工艺。

成化斗彩可用"质精色良"四字概括，色彩耳目一新，器形小巧精致，胎质薄如蝉翼，线条流畅、润如堆脂、清新淡雅，在明清彩瓷中别具一格。

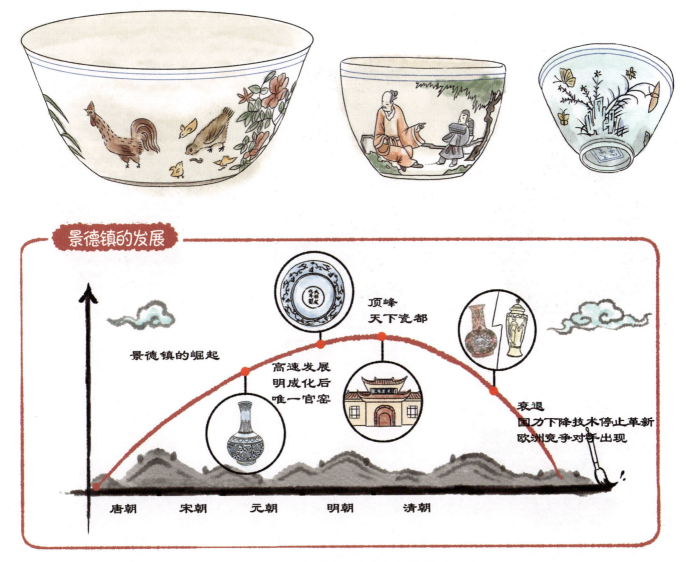

一张图了解"天下瓷都"景德镇的兴衰

清朝

瓷器生产发展到清代，可以说是集历代名窑之大成，此时景德镇荟萃了一代能工巧匠，所谓"工匠来八方，器成走天下"。瓷器生产无论数量还是质量，都达到了又一次历史高峰，瓷器在社会上的应用也更广泛，日常生活的器物，瓷器皆可取而代之。

清康熙珐琅彩紫地莲花瓶

清乾隆珐琅彩豆青地开光山水诗句瓶

清乾隆珐琅彩婴戏纹双连瓶

清康熙珐琅彩紫地花卉纹碗

（以上均藏于故宫博物院）

珐琅彩

珐琅彩是乾隆盛世的代表作，有不少秀丽精巧的作品。乾隆极工尽料、不惜成本、追求创意，综合各种工艺技法运用在陶瓷之上，"瓷母"就是一个典型代表。

瓷母

这件"瓷母"高 86.4cm（比家里普通餐桌还要高很多）运用了十几种施釉方法，用 600~1300 摄氏度的高温烧制三个月而成，不知耗费多少人力、物力才能成功，堪称举世无双的绝品。

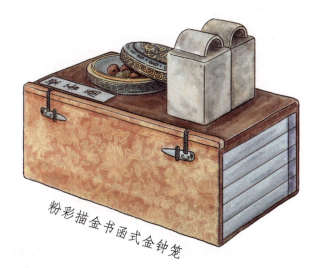

粉彩描金书函式金钟笼

清朝无奇不有的器物，猜猜它们的用途是什么？

釉面——仿织锦缎红地描金，华丽的纹饰清晰的经纬线，十分逼真。

书函中空——根据需要放置不同的物品。

书函上印章——双拱形纽的长方形仿石印章。

圆形印盒——印泥盒内有樱桃、花生、莲子、瓜子等像生瓷果品。

这是一件仿照线装书函式形状制作而成的——粉彩描金书函式器物。观看外表像一件多功能的文房用品，实际上是一个养秋虫的笼子。

丝绸之路

有一个单词：China。当它的首字母大写时 China 表示的是中国，而小写时 china 表示的则是瓷器。

瓷器，是人类贸易史上第一件真正意义上的"全球性奢侈品"。

现在说的"一带一路"，其中那条"海上丝绸之路"，更早的时候也叫"陶瓷之路"。"陶瓷之路"以陶瓷贸易为主，还有其他商品贸易，如茶叶、香料、金银器。看看"瓷器"是怎么实现全球化的？

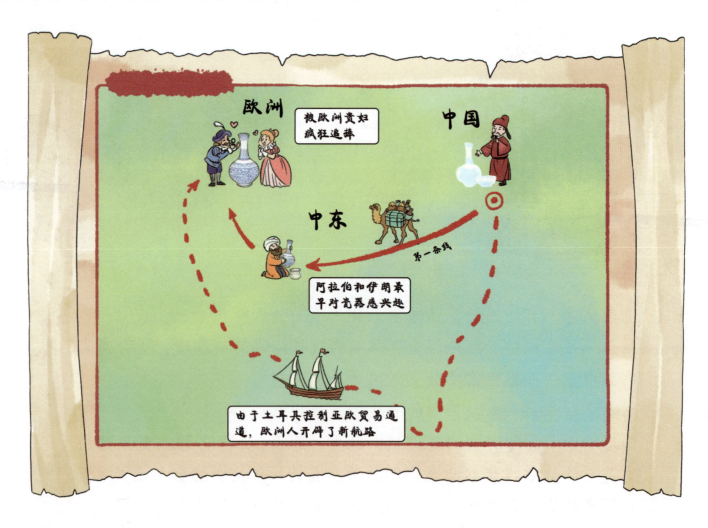

瓷器是中国历史上最伟大的发明之一，在18世纪以前，一直为中国所独有。欧洲人直到瓦特改良蒸汽机，还没有发明出瓷器。

但是，瓷器又是生活中不可缺少的用品，欧洲人长期从中国进口瓷器，自己却造不出来，于是，收藏和使用精美的中国瓷器，是崇尚文明、追求高雅甚至展示国力的象征。

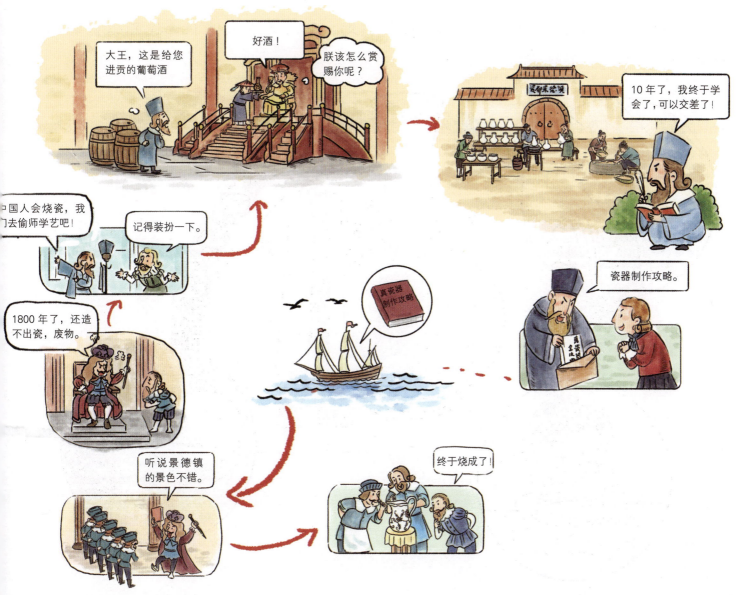

陶瓷在现代的应用

陶瓷主要作为盛器或者观赏品使用，但是，它的本领远不止这些。

陶瓷是最好的绝缘材料之一，电线杆和变电站的高压电线的绝缘瓷芯都是用陶瓷制作的。后来，科学家们又发现混有特殊金属氧化物的瓷器在低温下呈现出超导的特性。

此外，由于其能够耐高温，化学性质稳定，它还是航天飞机等特殊仪器的隔热材料。

青铜器

青铜器的起源

公元前 3000 年左右，中国造出了青铜器。

随着青铜器制造技术的发展，青铜器有了各式各样的造型和用途，你在全国各地的文物博物馆里，都可能遇见它。

按照功能，可以把它们分为这 5 大类：食器、酒器、水器、乐器、兵器。

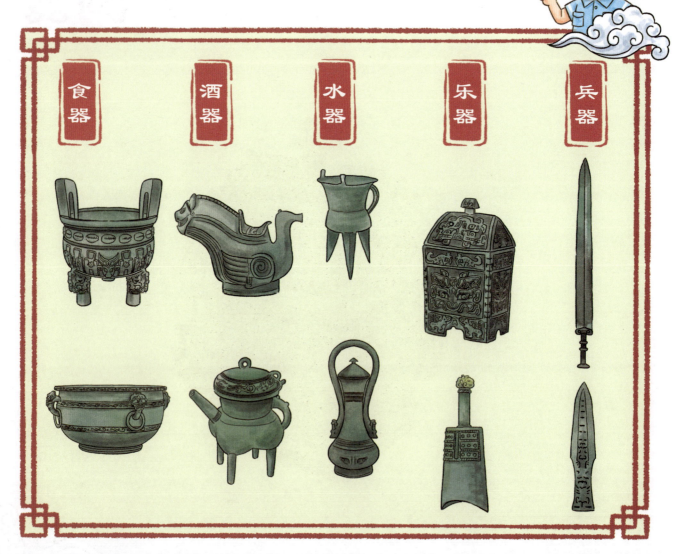

食器　酒器　水器　乐器　兵器

拼一拼：一起复原这个青铜器

假如你是一位青铜器修复专家，现在接到一项紧急的任务，需要修复下面这个青铜人面具。

青铜器，真是绿色的吗？

青铜器，是现代人给它们取的名字。
古人把它们称为——金，或吉金。
因为它刚做出来的时候是金灿灿的。

青铜器之所以会发绿，是因为被长期埋在土里，生锈了。

我生锈会变绿

青铜材料的构成

青铜是中国金属冶铸史上最早的合金。

古代人发现，用铜、锡、铅混合制成的合金——熔点低、硬度高，简直太完美了！

铜：材质很软，延展性很好，制作东西的时候不会轻易折断。但是它熔点特别高，要加热到800~1000摄氏度，这在古代太难了。

铅：熔点比锡高一些，要300多摄氏度，但对古人来说，熔化它不难。

锡：熔点低，200多摄氏度就熔化了。但是不耐冷，温度低于-30多摄氏度会变成粉末。

如何制作一件青铜器？

开采原料——难

铜矿开采，要深入地下五十多米。

造型设计——难

有了原材料之后，我们要设计制作这样一只酒杯——青铜爵。

制作工艺——难

用泥土制成模型。

除了能装酒，造型还要美观、大气，不能普通，毕竟是祭祀要用的。

合范

将不同部位的模型组合在一起，形成一个完整的铸造模具，这就叫"合范"。

浇铸

将熔化后的铜锡合金倒入模型中，模型之间的缝隙就是青铜爵的厚度。

冷却去范

等待铜锡合金冷却凝固后，去掉模型，取出青铜爵。

打磨修整

打磨抛光，修整边角。

大功告成

日常保养——难

青铜器在潮湿的环境下很容易被腐蚀，变色。

很多青铜器上有精美、复杂的花纹和造型，一不小心就会磕碰损坏。

这棵比人还高的"青铜神树"，造型极其复杂，碎成了70多块残片，修了8年才修好

青铜器上的花纹

数一数：这个彝上有多少种花纹？

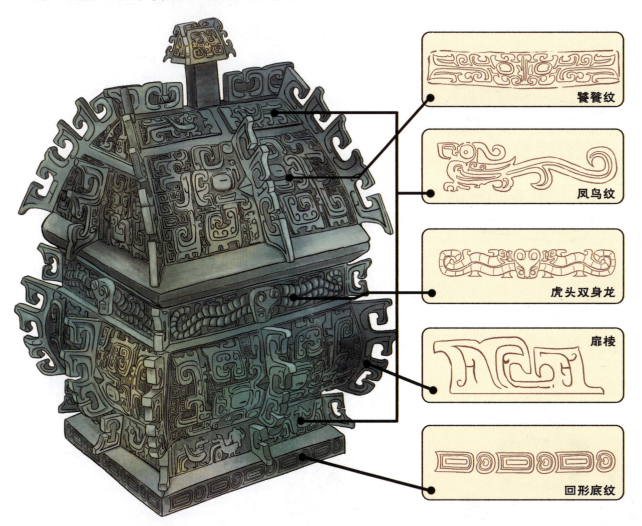

饕餮纹

凤鸟纹

虎头双身龙

扉棱

回形底纹

这只彝上有5种花纹：

10 只饕餮

16 只凤鸟

4 只虎头双身龙

底部回形纹

认识青铜时代

青铜器发展

新石器时代晚期至夏朝约前2100年以前

萌芽期

夏至商早期
约前 2100－前 1600

发展期

商朝中晚期至西周晚期
约前 1600－前 800

鼎盛期

西周晚期以后
约前 800－前 200

衰落期

中国青铜器的重要时期

萌芽期

新石器时代晚期至夏朝

从无到有，古人太厉害啦！

发展期

夏至商早期

青铜器的造型开始复杂起来。

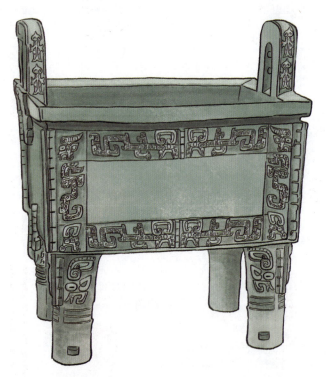

鼎盛期

商朝中晚期至西周晚期

体积变大，具有祭祀功能。

衰落期

西周晚期以后

随着冶铁技术的逐步发展，制作便宜、耐用且质轻的铁器，逐渐成为主流，取代青铜器成为主要的农具和兵器。

青铜器大家族

青铜器

食器

酒器

水器

乐器

兵器

青铜食器

方形的就是四个足。

鼎是干什么的?

鼎就是用来蒸煮肉的大锅。

一般圆形的鼎有三个足——三足鼎立，就是这么来的。

鬲

一般为三足，四足鬲目前全国仅一件。

鼎是怎么使用的?

在鼎的底下挖个坑，用来放柴火。

在鼎里面放上肉。

肉一般选用的是祭祀用的牛、羊等动物。

嗯，香！

鬲是怎么使用的？

鬲的底部是空的，可以放柴火，煮粥。

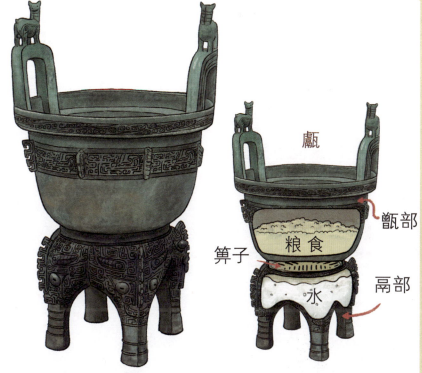

甗

甑部

箅子

粮食

鬲部

水

甗是怎么使用的？

甗是用来蒸饭的蒸锅。

甗分为上、下两个部分，底足是空的，可以加水，中间加上隔断，上面放食物。

这是3000年前人们使用过的蒸锅哦！

有专家说："是中国人蒸熟了世界上的第一碗米饭。"

世界第一蒸！

49

古代谁在用青铜器？

你有没有听过这个词：一言九鼎

说出一句话，比 9 个鼎还重？

说话能有这么大分量的人，在古代当然是天子。

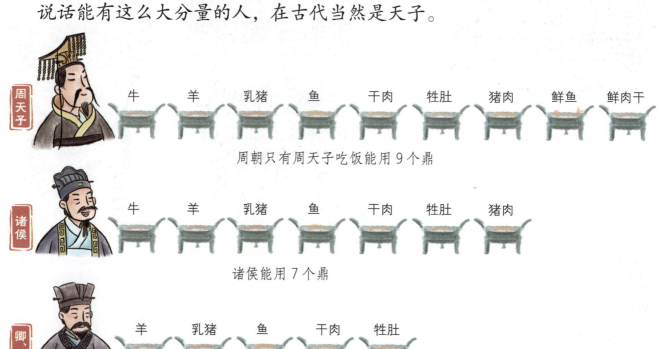

周天子　牛　羊　乳猪　鱼　干肉　牲肚　猪肉　鲜鱼　鲜肉干

周朝只有周天子吃饭能用 9 个鼎

诸侯　牛　羊　乳猪　鱼　干肉　牲肚　猪肉

诸侯能用 7 个鼎

卿、大夫　羊　乳猪　鱼　干肉　牲肚

卿、大夫能用 5 个鼎

高级士　乳猪　鱼　干肉

高级的士能用 3 个鼎

普通老百姓
只能用陶盆瓦罐

低级士　干肉

低级的士能用 1 个鼎

平民

它们都是干吗用的呢?

升鼎,就是你家装红烧肉的大盆。

长得像高脚杯的豆,功能就是装蘸料的味碟。

带两根"天线"的爵,就是喝红酒的高脚杯。

下面可以生火的鬲,就相当于你家的电饭煲。

长着两只耳朵的簋,就相当于盛饭的碗。

古人发明的实用餐具

我们现在是用碗和盘子来盛放做好的食物，那古代人用什么盛呢？

盛饭菜可以用簠、敦、盨。

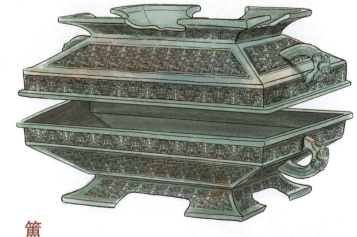

簠

上、下两部分一样，打开可以装双倍的食物。

敦

样式和盨很相似，上下一样可以分成两个。

盨

盖子也能装食物。

高配版的小火锅?

在宝鸡青铜器博物院,有一件罕见的鼎,形似当代的火锅——刖人守门鼎。

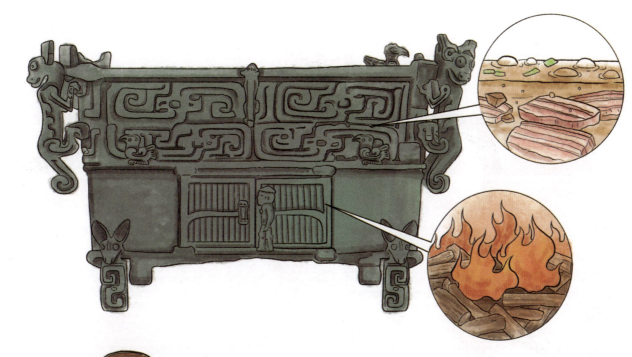

它分上、下两层,上层敞口,可放食物,相当于锅;下层可以放炭火,相当于炉子。

使用的方法是把食物放在上层,下层放炭火,通过持续加热可以煮熟食物,是不是很像今天的铜火锅?

青铜酒器

青铜酒器

饮酒器（酒杯）

温酒器（加热）

盛酒器（酒壶）

调酒器（调酒）

爵

斝

尊

罍

卣

觥

盉

找一找，和现代酒杯功能最接近的青铜器是哪一个？

正确答案

古人如何用爵喝酒？

为什么它叫"爵"？

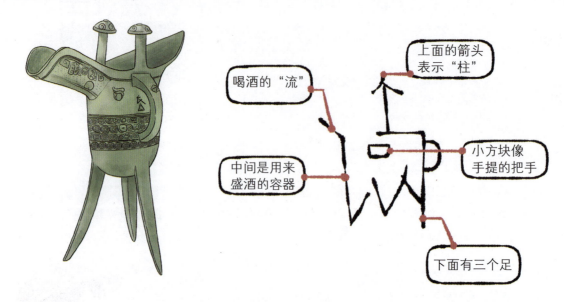

上面的箭头表示"柱"

喝酒的"流"

小方块像手提的把手

中间是用来盛酒的容器

下面有三个足

"爵"在商朝的甲骨文里是这样的：是不是就像把这个饮酒器画了一遍。

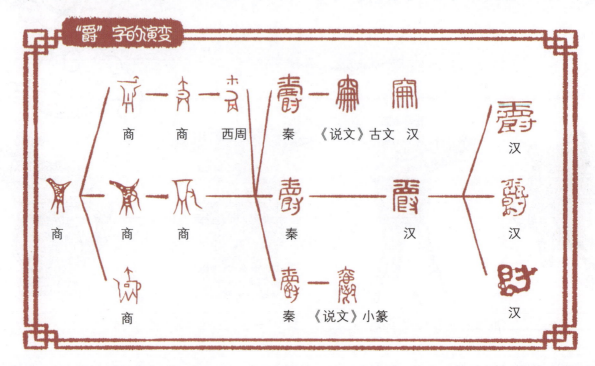

"爵"字的演变

商　商　西周　　秦　《说文》古文　汉　　　汉

商　商　商　　　秦　　　　　　汉　　　　汉

商　　　　　　　秦　《说文》小篆　　　　　汉

因为它形似"雀"，麻雀的"雀"，是不是和爵的发音很近啦！

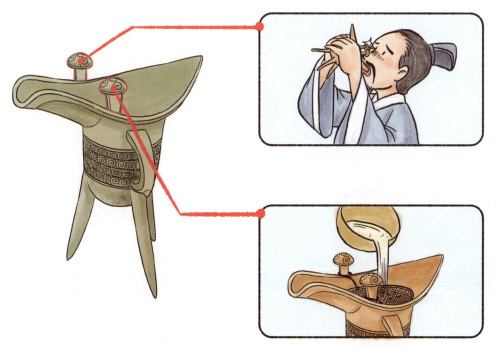

爵上的"柱子"是干什么的？关于它的功能，有两种说法：第一种，叫"节制"，有了两根柱子，你就不方便饮酒了，这提醒你要"节制"。第二种，叫"过滤"，古代的酒有比较多的渣滓，爵上有两个柱子，可以用来挂滤网。

青铜水器

盛水——盂

侈口

二附耳

圆腹

圈足

倒水——匜

鋬手

流

4只脚

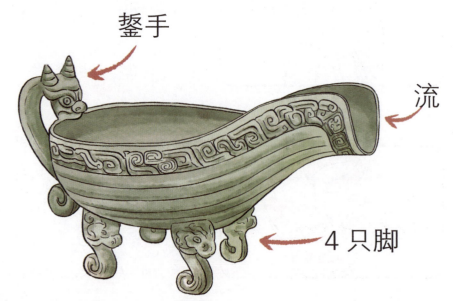

匜在使用时与盘相配

接水——盘

盘多数是圆形的，当然也有长方形的。

盘子中央有条引颈向上的龙

洗澡——鉴

相当于现在的水盆、水桶，可以用来洗澡。

帮助我们"穿越"的青铜器

借助青铜器上的档案，我们就能回到过去——了解古人的生活。

最开始，青铜器上铸刻的文字叫钟鼎文。后来，古人又开始在兵器、酒器、水器上铸刻，就改称它为金文。

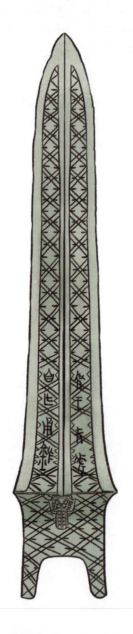

逨（lái）盘，被称为中国第一盘，也被称为"青铜史书"！盘内有372字的金文，提到单氏家族的8代祖先为12位周天子征战、理政、管理林泽的丰功伟绩，清晰地梳理出了西周诸王的历史。

有趣的小知识

　　在文字出现之前，古人是怎么记事的？

　　结绳记事：记一件事，就打一个结。这些绳结的形状是不是有点像文字符号呢？这就是人类的一种造字方法。

一　二　三　四　五　六　七　八　九　十

青铜乐器

这些青铜乐器你都认识吗？

铃：可以拿手摇起来，叮叮当当响。铃是中国最早的青铜乐器之一，始于夏朝。

鼓：冷水冲型铜鼓是我国八种铜鼓类型之一。鼓面和周身间饰五铢钱纹、水波纹和云纹。

铙：铙是流行于商周时期的打击乐器，插在底座上，一般退军时敲击它。

钲：钲和铙相似，区别在于钲比铙高大而厚重，考古界俗称为大铙。

句鑃：一种青铜打击乐器，形状与编钟有些相似，一般一套由若干件组成。

铎：和铃类似，也是拿手摇的。

镈：它不像钟口呈弧状，它是平口的。（陕西省凤翔县太公庙出土的秦公镈）

钮钟：钮钟也是军中乐器。《左传》就记载了这么一段话："凡师，有钟鼓曰伐，无曰侵，轻曰袭。"

甬钟：在侧面有一个"耳朵"，叫"干"，古人是通过这个耳朵把甬钟悬挂起来的。

镈（chún）：上大下小，像个圆桶，通常和鼓配合用。

编钟：中国是最早制造和使用乐钟的国家。打击大小不同的编钟，会发出不同的声音。

最强编钟阵容——曾侯乙编钟

曾侯乙编钟有 2400 多年的历史，5 吨重，有两面墙这么大。

它是目前出土的编钟里，数量最多、重量最重、音律最全、音域最广、保存最好、音质最高、做工最精细的青铜乐器。

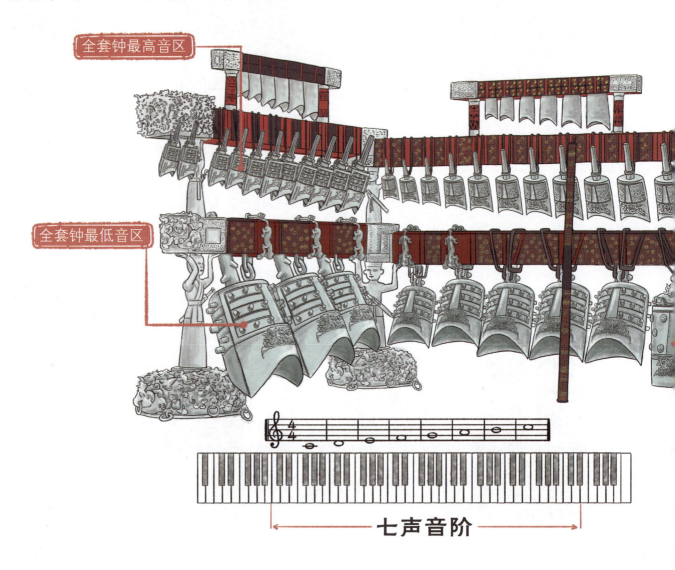

七声音阶

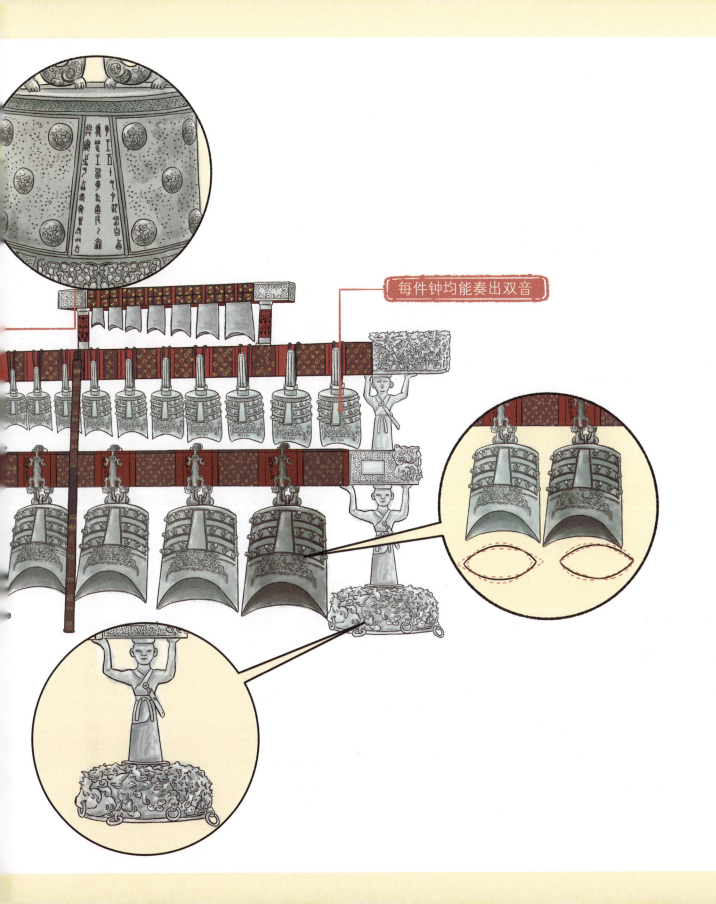

每件钟均能奏出双音

青铜兵器

古代一旦爆发战争，士兵就要冲上战场，让士兵们可以上阵杀敌的工具就是这些兵器。

戈

戈是商周时期最常用的兵器之一，有很多成语中会出现戈，比如金戈铁马、止戈为武、反戈一击。

矛

矛是古代用来刺杀敌人的进攻性武器。

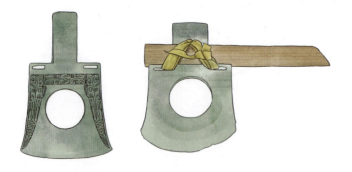

钺

通常钺会有复杂精美的纹饰，而斧是一种实用器。

戟

戟是矛和戈的组合体，通常头部为矛，配单个或多个戈。

铍

铍是一种安装在木杆上的长兵器。

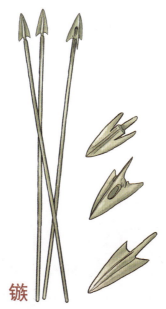

镞

箭镞即为弓箭上的箭头，有三棱形、双翼形。

刀

这种带个环的，叫环首刀，可以连绳套挂手，也可以挂上一些装饰。

剑

青铜剑最早出现于商朝晚期，为叶形短剑。

你看，像不像细长的叶子？

胄

就是青铜头盔。

67

古代高科技：秦始皇铜车马里藏着什么？

中国是世界上使用青铜器延续时间最长、制作工艺最发达的国家。

在 2000 多年前，秦始皇集七国之力精心打造的铜车马，被称作"青铜之冠"。

一号车"立车"

功能为警车

配备武器：长剑、弓弩、铜盾、50 支三棱带羽铜镞、

4 支平头带羽铜镞

通长 2.25 米

通高 1.52 米

车马总重量 1061 千克

组成部件 3000 多个

二号车"安车"
功能为载人车
配备武器：短剑
通长 3.17 米
通高 1.06 米
车马总重量 1241 千克
组成部件 3000 多个

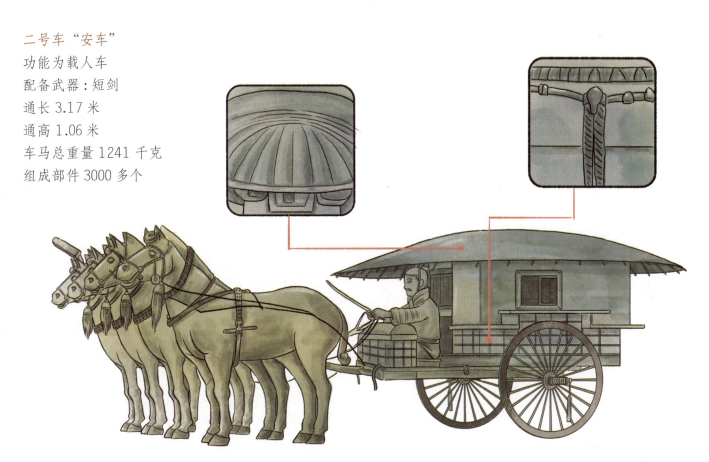

二号车伞盖质薄、光滑，最薄处仅 1 毫米，最厚处仅 4 毫米，是目前我国发现的最早、最薄、最大的整体青铜铸件。

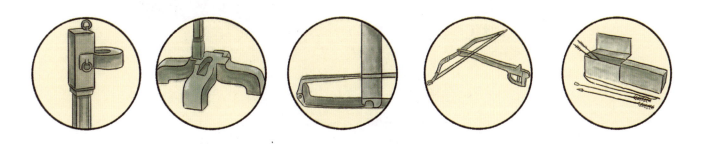

两乘车包含 6500 多个零件，一个零件按照平均 20 道工序计算，要经过 13 万道工序才能完成。

古老而脆弱的青铜器

青铜器在我国历史悠久，最早的青铜文物可追溯到四五千年前。这些"宝贝"是我们国家重要的文化遗产，一旦受到损害，将造成无法挽回的损失。

尽管青铜器看起来很坚固，但是保护它们并不容易。因为它们太古老了，很多修复的技巧都已经失传。另外，青铜器容易受氧化和腐蚀的影响。

为了更好地保护青铜器，博物馆采取了很多措施：1.保持适宜的温度和湿度，控制光照，以防止青铜器的腐蚀和氧化；2.查找并及时处理微小损伤，进行专业的保养和修复工作，保持青铜器状态良好。

当我们参观博物馆时，也要注意保护它们哦：1.不要直接接触它们，以免留下手印或者油渍，损伤青铜器表面；2.拍照时关闭闪光灯，以免对青铜器造成伤害。

通过全社会的共同努力，我们可以更好地保护这些古代珍宝，使它们永远闪耀着迷人的光辉。